LA VOLONTE DE BONHEUR

LA VOLONTE DE BONHEUR

Dr. François Adja Assemien

Copyright © 2022 by Dr. François Adja Assemien.

All rights reserved. No part of this book may be reproduced in any form or by any electronic or mechanical means, including information storage and retrieval systems, without permission in writing from the author and publisher, except by reviewers, who may quote brief passages in a review.

ISBN: 978-1-959434-52-8 (Paperback Edition)
ISBN: 978-1-959434-53-5 (Hardcover Edition)
ISBN: 978-1-959434-51-1 (E-book Edition)

Book Ordering Information

The Regency Publishers, US
521 5th Ave 17th floor NY, NY10175
Phone Number: (315)537-3088 ext 1007
Email: info@theregencypublishers.com
www.theregencypublishers.com

Printed in the United States of America

Sommaire

Du Même Auteur vii
Introduction ix
1 La Vie Et La Lutte 1
2 La Vie Et Le Bonheur 4
3 La Vie Et La Puissance 7
4 La Puissance Et Le Bonheur 10
5 Le Bonheur Et La Morale 12
6 Le Bonheur Et Le Droit 15
7 Le Bonheur Et La Religion 18
8 La Psychologie Et Le Bonheur 21
9 L'individu Et Le Bonheur 25
10 La Famille Et Le Bonheur 28
11 Le Pays Et Le Bonheur 31
12 L'Etat et le bonheur 34
13 L'humanité et le bonheur 38
Conclusion 41
Résumé du livre 45
Biographie De L'auteur 47

Du Même Auteur

Les Règles d'or de la réussite, de la santé, du bonheur et du salut personnels, manuel, Edilivre, 2016
Introduction à la philocure, essai, Edilivre, 2016
Les Rebelles Africains, roman, Edilivre, 2016
Le Monde ne vaut rien, essai, Edilivre, 2016
L'Afrique interdite, roman, Edilivre, 2016
L'Art de vivre en Amérique, Edilivre, 2019
Président Donald Trump et les Africains, essai, 2020
La Côte d'Ivoire a mal, essai, Edilivre, 2018
La Conscience africaine, essai, Edilivre, 2016
Education morale et spirituelle, manuel, Edilivre, 2016

Thomas Sankara comme Thomas More et Socrate, essai, Ouagadougou, 2020
Ahikaba, roman, Mary Bro Foundation Publishing, Londres, 2018
La Côte d'Ivoire et ses étrangers, essai, Black Stars, 2002
La Pensée politique pour sauver la Côte d'Ivoire, essai, 2003
Le Guide africain de philosophie, de sciences humaines et d'humanisme, Abidjan, 1985
Code électoral, roman, Ebav Stars, 1995
Portrait du bon et du mauvais électeur, du bon et du mauvais candidat, essai, Black Stars, 2000

Introduction

Ce travail n'est pas l'oeuvre d'un juge de tribunal ni d'un ange moralisateur et réconciliateur. C'est plutôt l'oeuvre d'un philosophe-sociologue. Je suis un observateur participant. Comme tel, j'essaie de décrire et d'expliquer certaines réalités du monde (les dualités). Je me garde donc des jugements de morale et de valeur. J'énonce des jugements de fait, d'objectivité qui permettent de comprendre et de connaître ce qui se passe dans le monde. Je suis un agent de la connaissance. Je ne suis pas un juriste qui distribue des sanctions à des gens qui se comportent bien ou mal dans la société ou violent les lois et troublent l'odre public. Mon investigation sociologique et Ma spéculation métaphysique se situent au-delà de la morale, de l'éthique, du juridisme, du droit positif. Ainsi ce livre pourra choquer et blesser certaines personnes car il n'est pas complaisant. C'est la philosophie à coups de marteau. Nietzsche et Machiavel, deux philosophes réalistes et véridiques, l'ont fait avant moi. Ce livre combat les préjugés des hommes vulgaires, les mensonges, les illusions nuisibles à l'humanité.

Je fais du positivisme, du vitalisme et de l'eudémonisme pragmatiques. Vouloir le bonheur de l'humanité n'est pas un jeu d'enfant. Cela est très sérieux. C'est un combat mortel, une action tragique de démolissement et de reconstruction. La fin justifie les moyens. Aux grands maux, il faut employer les grands remèdes. L'enjeu en vaut la peine. L'objectif vaut une action tragique. Vous êtes avertis et prévenus. Les philosophes et les humanistes comme Karl Marx et Roger Garaudy ont averti l'humanité sur les risques très graves et la dangerosité de la civilisation occidentale contemporaine. Ils ont dénoncé, critiqué et condamné légitimement les pratiques occidentales basées sur la volonté de puissance, de domination, de massacre, d'exploitation de l'homme par l'homme. Ils ont dénoncé les actions barbares, guerrières, destructrices des capitalistes (hégémonisme, élitisme, eugénisme, extermination de l'humanité). Leur lecture de l'histoire est d'actualité et édifiante. Elle est éclairante, objective et prémonitoire. L'Occident capitaliste et hégémoniste est toujours au travail contre l'humanité. Il ne cesse de créer des conflits, des armes de destrution massive, de provoquer des guerres génocidaires. Il a inventé toutes sortes de poisons pour atteindre ses buts macabres, apocalyptiques (covid-19). Ainsi l'agenda 21 de l'ONU, le dépeuplement de la terre (malthusianisme, eugénisme), la réduction drastique de la population mondiale, le nouvel ordre mondial satanique, franc-maçonique, la destruction de la civilisation, l'application de la charte de l'impérialisme, la zombification et le contrôle des peuples par des vaccinations obligatoires. M. Emmanuel Macron, Président de la France, nous annonce l'arrivée de la Bête (dont parle la Bible) sur la terre. Il nous apprend, avec insistance, que la Bête diabolique, satanique, est présente dans le monde de nos jours. Les mystiques, les Francs-maçons, les Illuminati, les sorciers sont à pied d'oeuvre. Ils sont en train de créer le chaos (Apocalypse).

Dans ses ouvrages humanistes intitulés **Appel aux vivants, Biographie du 21e siècle, l'Alternative, Dialogue des civilisations, L'Occident est un accident,** Roger Garaudy, l'humaniste, nous a prévenus sur le danger suprême que constitue l'Occident fabricateur des armes nucléaires et autres. Il était un grand visionnaire, un philosophe très honnête. Il nous a appris que non seulement l'Occident n'a rien apporté de significatif et de positif dans la création de la civilisation mais en plus il veut détruire le monde, l'humanité et tout ce que les autres peuples ont créé par sa culture de la barbarie et du matérialisme. Lui et Karl Marx ne croyaient pas si bien dire. Et voilà que nous y sommes aujourd'hui. Le fait est là.

Il est patent. Il est sous nos yeux. Ces deux visionnaires ont raison. Que faire à présent? Les satanistes, les démons et les lucifériens tiennent le monde entier entre leurs mains. Ils sont en train de créer réellement leur nouvel ordre mondial satanique. L'humanité est en danger de mort. Tous les êtres humains seront contrôlés, maltraités, persécutés, opprimés et exterminés s'ils ne se défendent pas. Les humains perdront tous leurs droits fondamentaux que sont la liberté, la vie, la justice, la souveraineté, le bonheur, la santé, la sécurité, la paix, la dignité, l'indépendance, l'autodétermination, la jouissance de nos biens et de nos richesses personnels et nationaux.

Les vampires lucifériens, capitalistes, mondialistes, prédateurs, impérialistes, terroristes, esclavagistes et colonialistes nous alièneront, nous asserviront, nous spolieront et nous tueront. Tel est leur programme et leurs intentions avouées. Un homme averti en vaut deux. Il doit se mettre sur ses gardes. Il doit se défendre avec vaillance. Il doit passer à l'offensive-défensive. C'est le complexe de Damoclès légitime. Qui veut la paix prépare la guerre. Il est obligé de faire la guerre juste, légitime. C'est la légitime défense obligatoire et salvatrice. Evitons la politique de l'autruche, la lâcheté, l'imbécilité. Ayons le bon sens, l'intelligence, le courage d'affronter et de vaincre les mondialistes criminels, cyniques, dictateurs, partout où ils se trouvent. Amenons-les au tribunal, en prison…Sauvons l'humanité, la civilisation, la morale, l'éthique, le droit par tous les moyens. Engageons-nous dans une bataille de responsabilité totale, de libération, de restauration de notre dignité, de notre souveraineté, de paix, de sécurité et de salut mondial. Ne soyons pas résignés face au danger suprême, face à l'offensive acharnée, meurtrière et sans pitié de l'ennemi. Cela est insensé, idiot et irresponsable. Personne n'a le droit de nous ôter la vie impunément, de nous imposer ses idées diaboliques, ses contre-valeurs, ses anti-valeurs, ses paradigmes lucifériens, sataniques, sa vision du monde malsaine, son idéologie macabre aux autres. Mettons impérativement, urgemment et absolument fin à cela par notre bravoure, notre vaillance et notre courage. C'est une question de vie ou de mort. L'heure est grave. Changeons le cours de l'histoire à notre faveur. Vivement la liberté, la paix, la sécurité, la justice et la fraternité universelles! Vive l'amour universel! Vive l'égalité des peuples et des races!

1

La Vie Et La Lutte

Qu'est-ce que la vie? La vie est le temps que nous passons sur la terre et comment nous le passons. Ce temps contient nos actions et leurs conséquences, c'est-à-dire le travail et la lutte. Il s'agit des conflits, des guerres, des violences, des rapports de force, des exercices de puissance, des plaisirs, des joies, des douleurs, des souffrances, des bonheurs, des malheurs. Le tout s'appelle l'histoire. L'histoire est la somme des expériences humaines. Elle vise le bonheur. La conquête du bonheur est un devoir impérieux pour les vivants. Cela se manifeste par la lutte. Et la lutte (combat) est l'expression de la force, de la puissance. Elle consiste à attaquer les autres et à se défendre pour atteindre le bonheur, c'est-à-dire la puissance, la capacité d'exister, d'être bien.

La vie, c'est la somme dynamique de nos actions. Ces actions ont pour but de nous procurer le bonheur, c'est-à-dire de nous rendre puissants. **Le bonheur est l'exercice de la puissance.** Et la puissance s'exerce contre les autres, c'est-à-dire les hommes, les animaux, les plantes, la nature, l'univers. C'est la lutte. Cela consiste dans les guerres, les conflits, la domination, l'esclavage, la colonisation, l'impérialisme, l'oppression, l'exploitation de l'homme par l'homme, la prédation, les massacres, les génocides. Cela est imposé à l'humanité comme devoir. C'est comme un droit, un bien. C'est une loi générale, un impératif absolu. Vivre, c'est agir, lutter, se battre, vaincre, dominer, être heureux ou disparaître de la terre. Dure loi mais loi. C'est la réalité existant dans le monde depuis des millénaires, depuis que l'humanité est née. Cela se passe en Afrique, en Europe, en Amérique, en Asie, en Océanie. C'est indubitable et inévitable. Rien n'a pu interdire ni empêcher cela. L'hypocrisie des hommes qui s'exprime à travers la morale ascétique, le droit, la religion et l'humanisme ne peut le supprimer. C'est une vaine tentative. Cela est fatal. Tout ce que l'homme fait va dans ce sens. Les condamnations, les spéculations, les dogmes religieux, moraux, juridiques et philosoohiques sont vains et impuissants face à l'histoire. L'histoire se moque royalement de cela.

Telle est la nature des hommes, des peuples et la destinée du monde. C'est le devoir de vivre et la volonté de bonheur. Cela est implacable. Nietzsche a bien compris cela. Il le dit magistralement dans **La Volonté de puissance,** dans **Le Nihilisme européen**, dans **Ainsi parlait Zarathoustra,** dans **La Genealogie de la morale** et **Par-de là le bien et le mal.** Il a été traité de fou furieux et de cynique. Mais, en vérité, il n'en est rien. Il est tout simplement réaliste et objectif. C'est un penseur véridique, honnête et responsable. Honneur et gloire à lui. Il est convaincant. Il a pris parti pour les maîtres, les aristocrates, les oiseaux de proie et les bêtes blondes contre les agneaux bêlants, les esclaves, les décadents, les faibles. Il est le contraire de Karl Marx qui défend les prolétaires, les faibles qu'il veut substituer aux maîtres, aux puissants en les organisant, conscientisant et en les poussant à l'action révolutionnaire. Finalement, il a compris que vivre requiert la puissance, la force, que la lutte est le moteur du bonheur, le pilier central de la vie. Il rejoint ainsi Nietzsche. Tout vivant est un lutteur. Il doit lutter pour être heureux. Etre heureux, c'est être puissant. C'est être fort. C'est dominer, utiliser, aliéner, chosifier, exploiter les autres (hommes, animaux, plantes, minéraux, eaux, gaz). Chaque individu, chaque famille, chaque pays, chaque tribu, chaque continent et chaque race sont dans cette course, dans cette dynamique. La géopolitique en rend compte. On utilise tous les moyens pour cette entreprise:

morale, droit, religion, politique, armée, police, justice, école, économie, idéologie, philosophie, science, technologie, art...

Voilà autant de moyens employés pour lutter, vivre et être heureux. La fin de la vie est le bonheur. Et le bonheur est la puissance, c'est-à-dire la domination sur les autres. L'histoire et la psychologie nous enseignent cela. Tous les vivants sont en lutte les uns contre les autres. Tu le fais ou tu péris. Cette lutte se fait individuellement ou par équipe, association, groupe (famille, nation, Etat, peuple, clan, race, continent). Elle consiste à travailler, à agresser, à soumettre, à utiliser les autres. Nous sommes tous des ennemis entre nous en tant que vivants désirant le bonheur, la puissance. L'amitié agit dans ce sens. La fraternité et l'amour du prochain servent cette même cause fondamentale. Le mariage entre l'homme et la femme, la famille, la nation, les conventions, les institutions nationales et internationales obéissent à cette dynamique, à cette loi universelle: la lutte pour le bonheur-puissance.

2

La Vie Et Le Bonheur

Chaque être vivant veut être heureux. Le bonheur est le but commun de tous les êtres vivants. Cela met tous les êtres vivants en concurrence, en compétition, en lutte les uns contre les autres. La loi de la jungle est la loi principale de la vie. C'est la loi universelle. Cela est naturelle, humain, animal. C'est la raison du plus fort. Tout le monde veut vivre. Cela signifie que tout le monde veut le bonheur. Qu'est-ce que le bonheur? Le bonheur est ce qui définit fondamentalement ou le mieux chaque être vivant. Ses modes d'expression chez l'homme sont la fierté, l'orgueil, l'amour de soi, le bien-être, les sentiments de puissance, d'assurance, de sérénité, de supériorité, d'aisance, de commodité. Celui qui est heureux manifeste ses états d'âme. Il se met au-dessus des qualités vulgaires que la morale ascétique nous enseigne. Ces qualités vulgaires traduisent généralement la négation du vouloir-vivre. Ainsi la petitesse, la faiblesse, le renoncement à la puissance, à la force, à la violence, au mal, l'humilité, l'obéissance, la soumission, la pitié, l'amour du prochain, l'abnégation, le don de soi, la compassion, l'empathie...L'homme heureux se situe au-delà du bien et du mal, selon Nietzsche (**Généalogie de la morale, Par-delà le Bien et le mal**). Il pratique la morale des maîtres, des aristocrates, des dominateurs, c'est-à-dire la morale tragique. Il méprise les sentiments de pitié, de peur, de honte, d'amour du prochain, de regret, de bonté, de générosité, de compassion, d'affection et d'humilité.

L'homme heureux est un guerrier impitoyable, un vainqueur. Il est sans remords, sans foi ni loi. Sa loi est la loi du plus fort. Adolf Hitler, Napoléon Bonaparte et César Borgia incarnent les vertus des hommes heureux dans l'histoire. Ils ont manifesté l'idéal aristocratique exalté par Nietzsche. Que signifie l'identification de la vie au bonheur? Cela signifie que la vie implique la lutte et la puissance. La vie c'est le déploiement de la force, de l'énergie destructruce, créatrice, innovatrice, rénovatrice. Cette énergie est à la fois physique et mentale et s'exerce contre les autres. Elle permet de dominer, de soumettre, d'utiliser autrui comme moyen, instrument, objet, chose. Ce sont des faits qui constituent l'histoire. Cela est observable partout. Regardons autour de nous et notre propre sort quotidien. Nous sommes tous plus ou moins dominés, exploités, instrumentalisés et chosifiés. Que l'on soit dirigeant politique, ouvrier, salarié, homme de la rue, employé, employeur, nous subissons tous des servitudes, la soumission, la domination, des pesanteurs sociologiques, psychologiques, théologiques, métaphysiques et historiques. Nous n'en sommes pas toujours conscients car cela n'est pas toujours visible, objectif ni matériel. Parmi les hommes, il ya des aveugles, des sourds et des muets.

La vie est dynamisme, énergie transformatrice d'où le progrès, l'évolution, le développement historique. Le vivant est toujours actif, offensif, agressif, combatif. Comme tel, il est tantôt vainqueur tantôt vaincu. Il est toujours en devenir, en mouvement. Sa nature n'est pas achevée ni close. Il est tantôt maître tantôt esclave et le cycle des victoires et des défaites se poursuit indéfiniment. Aucune victoire n'est définitive. Aucune défaite n'est définitive. Le roi peut devenir mendiant et le mendiant peut devenir roi. A chaque moment, l'homme doit se reinventer pour se maintenir vivant ou disparaître. Ainsi l'humanité se perpétue indéfiniment dans le temps et dans l'espace. Ainsi elle se reproduit, se multiplie, se développement et fait des progrès. Elle se détruit et se reconstruit. Elle s'abîme dans le Grand Tout indestructible, inépuisable et infini. Ainsi l'univers, la nature et le monde conservent des êtres comme frères ennemis. La lutte est générale. C'est la guerre de tous contre tous. Cela emploie des moyens ou des armes que sont la morale, le droit, la religion, la politique, l'économie, la science, la technologie, l'art, l'idéologie, la philosophie etc. Les hommes sont entraînés et maintenus nécessairement dans cette lutte vitale sans jamais pouvoir y mettre un terme. C'est fatal.

3

La Vie Et La Puissance

Quelle relation existe-t-il entre la vie et la puissance ou entre le vivant et la puissance? La vie est une lutte interminable. Le vivant est un lutteur impénitent, invétéré et irréductible. Il est né lutteur. La lutte est sa nature première. C'est son essence. Tout vivant est un guerrier naturel. Vivre, c'est nécessairement se battre contre les autres pour satisfaire ses besoins de toutes sortes. C'est conquérir les moyens de son épanouissement, de son bien-être. C'est créer les conditions de sa sécurité, de son confort, de son succès, de sa prospérité, de sa richesse, de sa puissance, de son rayonnement, de sa gloire, de son honneur, de sa dignité. Ainsi nous sommes perpétuellement en lutte, en guerre, en concurrence, en compétition avec les autres (membres de famille, camarades, collègues, condisciples, compatriotes etc.). Cela ne cesse qu'à la mort. Et la mort est notre échec définitif, notre défaite suprême. C'est la catastrophe. Celui qui est mort est définitivement et absolument vaincu. Il est éliminé de la course au bonheur, à la puissance, à la domination. Il a manqué de force, de puissance.

La puissance nous maintient en vie, dans la lutte, et la faiblesse nous supprime, nous fait perdre toutes les chances de gagner la bataille pour la vie. La puissance est l'expression de la vie comme énergie créatrice, rénovatrice, innovatrice. L'essence de la vie est la puissance. Qui dit puissance, dit créativité, inventivité, domination, autorité, activité. Le vivant est opposé à la faiblesse. Il exerce la puissance en tant que lutteur, guerrier, combattant. Il le fait physiquement, mentalement et verbalement. La puissance est l'attribut principal du combattant , du lutteur, du guerrier qu'est le vivant. C'est sa vertu de base. Sans cela, il n'est pas un vivant digne, un lutteur normal, responsable, efficace. Il sera défait très facilement par ses adversaires, ses concurrents ou ses ennemis. Tout vivant ou lutteur a absolument besoin de puissance. C'est son outil primordial ou son arme principale. La puissance est une qualité ou une vertu vitale. Cela est très salutaire. La puissance est physique, mentale, sociale, spirituelle, morale, politique, économique, financière, intellectuelle, militaire, sexuelle. Cela fait du bien à tous. Ainsi la femme a besoin d'un mari puissant, l'enfant a besoin de parents puissants, une nation a besoin dune armée et de soldats puissants, de citoyens puissants. La puissance fait le bonheur, la sécurité, la paix, la prospérité, la richesse, le progrès, le salut public et individuel.

Il ne saurait y avoir de vie possible sans la puissance comme vertu cardinale. Gare à l'individu ou au peuple qui méprisent ou condamnent la puissance. Cela est mortel. La vie se veut acte de puissance dans ses détails car elle est un phénomène de lutte. Un lutteur impuissant est une proie facile, une proie résignée. Il n'est pas digne de la vie. C'est un vivant inconséquent et honteux. La vie sélectionne les êtres par toutes sortes d'épreuves, par sa loi de puissance, sa loi de la jungle, sa loi du plus fort. Dans la dynamique de lutte, les plus forts survivent, persistent dans leur être tandis que les faibles périssent, disparaissent. Cela est valable aussi bien biologiquement (Charles Darwin) que sociologiquement. C'est ainsi qu'il faut comprendre le vitalisme pragmatique, la morale aristocratique et volontariste (Nietzsche), la morale de la responsabilité et de l'engagement (Jean-Paul Sartre) et la morale marxienne prônant la violence révolutionnaire des prolétaires. La volonté de puissance et la lutte pour le bonheur sont le propre de l'être vivant. Ce sont deux lois sacrées de l'univers, de la nature et de la société civile. Nul ne peut y échapper. C'est pourquoi il y a des conflits, des injustices, des violences partout, au sein des familles, des nations, des continents, dans le monde entier et entre ces entités. C'est pourquoi tout le monde est ennemi de tout le monde. Les hommes sont contre les hommes, les animaux et les végétaux. Les animaux sont contre les hommes, les animaux, les plantes (la chaîne alimentaire). La haine et l'amour du prochain entrent dans cette dynamique de conflit et de lutte universels pour le bonheur et la puissance. Les manifestations de charité, d'affection, de compassion, d'empathie, de gentillesse, de générosité, de bonté voilent très mal la réalité fondamentale, l'égoïsme, la méchanceté des êtres. Ce sont des gestes hypocrites, des stratégies et des pièges. C'est de la tromperie, de la mauvaise foi. Cela peut être inconscient. Tous les actes dits humanitaires sont suspects. Ce sont des stratagèmes dangereux. Méfions-nous de tout cela. Soyons vigilants et prudents. Tous les cadeaux et toutes les faveurs sont empoisonés. C'est l'expression de la volonté de puissance, de domination. C'est le mal voilé, l'agression camouflée par l'hypocrisie, la malhonnêteté, la ruse trompeuse.

4

La Puissance Et Le Bonheur

Quelle relation y a-t-il entre la puissance et le bonheur? Ces deux choses sont pratiquement synonymes. Nietzsche et Karl Marx ne nous diront pas le contraire. La puissance fait le bonheur. Le bonheur est la jouissance de la puissance. C'est l'expression de la puissance. La puissance implique la lutte, le combat et la victoire. C'est le succès, la prospérité, la sécurité, la paix, la liberté, l'autonomie, la souveraineté d'un individu ou d'un peuple. Par exemple, si les Africains veulent le bonheur, ils doivent se rendre puissants, c'est-à-dire être libres, indépendants, souverains, décolonisés, désaliénés, émancipés. Ils doivent lutter et tout faire pour être en sécurité, en paix. Ils doivent pouvoir disposer de leurs biens, de leurs richesses, de leurs pays, de leur vie. Ils doivent se battre contre leurs bourreaux, leurs prédateurs, esclavagistes et colonisateurs. Ils doivent remporter la victoire sur leurs ennemis impérialistes de tout temps. Cela s'appelle la guerre de libération ou la révolution populaire. Tels sont les actes de puissance (la volonté de puissance). Il leur faut changer le cours de l'histoire et transformer leur sort collectif. Un tel comportement héroïque confère le bonheur. Le bonheur est donc la résultante, la conséquence de la puissance. C'est la victoire remportée sur l'ennemi ou l'adversaire.

Les Américains, par exemple, sont heureux. Comment et pourquoi? Ils se sont battus contre les colons britaniques. Ils les ont vaincus. Ils ne sont plus colonisés, dominés, exploités, possédés par les impérialistes anglais. Ils sont libérés, indépendants, souverains, en paix et unis. Ils forment un peuple digne, brave et responsable. Ils ont également lutté contre les Indiens ou indigènes. Ils se sont rendus maîtres et possesseurs du territoire qu'ils ont dénommé l'Amérique. Ils ont gagné toutes leurs luttes, relevé tous leurs défis. Ils se sont constitués en une puissance supérieure, redoutée, irrésistible. L'Amérique est la première puissance mondiale dans presque tous les domaines (économie, armée, technologie, science, culture, art, sport…). Alors aucune autre nation au monde ne peut oser la provoquer, la menacer, la défier, l'attaquer, leur livrer la guerre. Ils sont les plus forts donc les plus heureux. Ils sont les gendarmes du monde. Voilà les conditions et les preuves de la puissance et du bonheur.

Si les Africains (ou les antithèses des Américains), luttent et agissent ainsi ils seront, à n'en point douter, eux aussi puissants et heureux. Le chemin du bonheur est ouvert à tout le monde. Il suffit de posséder deux pieds puissants pour marcher et y passer. Le bonheur s'arrache de haute lutte. Il se conquiert par la puissance militaire, intellectuelle, mentale. Il se construit par l'effort héroïque, la discipline de fer, la révolution, le volontarisme, la bravoure. C'est le fruit de l'action et de la pensée dynamiques, constructives. Tous les atouts naturels et humains sont présents en Afrique. Qu'est-ce qui manque aux Africains pour pouvoir être heureux? C'est la volonté de puissance, le courage, l'union, la solidarité, la bravoure, l'intelligence, la lutte populaire, la révolution, le patriotisme, le désir de liberté et de bonheur. Vouloir, c'est pouvoir. Vouloir la liberté, c'est agir et lutter pour être libre. Vouloir le bonheur, c'est également agir et lutter pour être heureux. En somme, un peuple puissant et révolutionnaire est toujours libre, en paix et heureux.

5

Le Bonheur Et La Morale

Quel rapport y a-t-il entre le bonheur et la morale? Ces deux choses sont-elles compatibles? Nous avons déjà dit que le bonheur est la résultante de la puissance, c'est-à-dire la victoire remportée sur l'ennemi ou l'adversaire. Tous les êtres vivants sont dans un rapport de force. Ils sont tous en lutte les uns contre les autres. Ils sont des ennemis , des adversaires, des concurrents, des rivaux. Cela se passe partout, au sein de chaque famille, de chaque village, de chaque pays, de chaque service etc. Le but commun de tous les êtres est le bonheur. Chacun emploie tous les moyens qui lui sont donnés pour essayer d'atteindre ce but. Certains moyens sont efficaces tandis que d'autres ne le sont pas. Ici, nous jugeons la morale. Plus loin, nous parlerons aussi des autres moyens tels que la religion et le droit positif.

La morale est un enseignement spécial appliqué aux vivants. Elle s'adresse à notre esprit et nous dit ce que nous devons faire et ce qui nous est interdit par la société globale. Elle nous montre ce qui est bon et ce qui est mauvais du point de vue de la société. Elle juge nos comportements. Elle en autorise certains et condamne d'autres. Elle nous montre ce qu'est le bien et ce qu'est le mal. Elle est présente dans le détail de notre vie quotidienne. Elle nous guide partout. Elle est sur tous nos chemins. Elle administre nos rapports avec nous-mêmes et avec les autres. Elle agit dans l'intérêt de la société et de l'individu. Elle représente la voix de la société et de notre conscience ou Raison. Elle parle à tout instant à notre esprit et à notre intelligence. Elle a un pouvoir psychologique. C'est l'autorité invisible qui nous censure, nous blâme ou nous félicite selon la qualité de notre agir. Nous sommes tous ses esclaves. Elle régule, contrôle notre vie. Elle nous guide depuis notre enfance. Elle a rempli notre esprit de préjugés et de dogmes. Elle nous a imposé des choix, des goûts, des sentiments, des idéaux ascétiques venant de la religion, de l'opinion et de la philosophie (ethique de Kant, de Spinoza, d'Aristote). La religion chrétienne, par exemple, la traduit en dix commandements appelés **les Dix commandements de Dieu**: «Tu ne voleras pas», «Tu ne tueras pas», «Tu ne commettras pas d'adultère», «Tu ne porteras pas de témoignage mensonger contre ton prochain», «Tu ne convoiteras rien de ce qui est à ton prochain», «Tu honereras ton père et ta mère»… L'éthique de Kant, ou morale de devoir, renforce cela avec des impératifs catégoriques. Par exemple, «Agis de telle sorte que tu traites l'humanité toujours comme une fin et jamais simplement comme un moyen», «Agis comme si la maxime de ton action devait être érigée par ta volonté en loi universelle de la nature».

La morale ainsi présentée affiche la négation du vouloir vivre. Elle nie la lutte et donc le bonheur. Elle s'oppose à la puissance comme principe ou condition du bonheur. Nous sommes en face de deux catégories de morale: la morale ascétique (chrétienne et kantienne) et la morale tragique ou aristocratique de Nietzsche (philosophe réaliste ou philosophe du corps). Les morales chrétienne et kantienne nient la réalité, la vie et le bonheur ainsi que les moyens permettant d'atteindre le bonheur. Ce sont des ennemies du vivant engagé impitoyablement dans le combat pour le bonheur sur la terre. Ce combat interdit l'illusion, les préjugés et les croyances superstitieuses. La fin nous impose ses moyens. Machiavel avait compris cela en donnant des règles efficaces et salutaires aux dirigeants politiques dans **Le Prince**. Il a ainsi inauguré, fondé la science politique . Comme lui, Nietzsche, philosophe positiviste ou réaliste, a battu en brèche les illusions métaphysiques, théologiques et les préjugés de la morale vulgaire, chrétienne, ascétique. Ces deux penseurs ont raison. En effet, la vie est précieuse. Très précieuse. On ne doit pas la sacrifier à du vent. Elle se passe sur la terre et non pas ailleurs. On ne peut pas sauver l'humanité et le monde qui sont mis en danger avec des illusions, des préjugés, des mensonges, l'hypocrisie, la malhonnêteté intellectuelle. Nous sommes en guerre et nous avons besoin de la victoire. C'est avec des armes absolument efficaces que nous pourrons gagner cette guerre impitoyable. Ainsi la morale tragique ou aristocratique qui prône la puissance, le volontarisme pragmatique et vitaliste est préférable.

6

Le Bonheur Et Le Droit

Quel rapport existe-t-il entre le bonheur et le droit positif? Ces deux choses sont-elles compatibles? La conquête du bonheur s'appelle la lutte. Elle divise les êtres. Elle les oppose les uns aux autres (conflit, guerre d'intérêt, violence). Ainsi nous sommes tous des ennemis. L'homme est un loup pour l'homme (Thomas Hobbes) au nom de l'intérêt et du bonheur qui sont les fins communes de tous les vivants. Le bonheur d'un peuple ou d'un individu consiste dans la jouissance de la puissance physique, sociale, économique, financière, matérielle, militaire, politique, mentale, intellectuelle, spirituelle, culturelle. Il s'obtient par la lutte acharnée, le travail, le combat féroce. Ainsi le bonheur s'oppose à la morale ascétique. Qu'en est-il du droit positif (les lois juridiques)? Le droit est fondé sur la morale. Il sert d'instrument objectif, concret à la morale (positivisme). Il est son expression, sa manifestation physique, matérielle (police, tribunal, juges, prison). Tandis que les lois morales sont libérales, non contraignantes, les lois juridiques sont, quant à elles, très rigoureuses, contraignantes, coercitives. Elles sanctionnent physiquement, matériellement les êtres. Elles infligent des punitions corporelles: arrestations, emprisonnements, bannissements, homicides ou peine de mort etc. Elles limitent l'expression, la liberté, l'action et empêchent la lutte pour le bonheur. Elles freinent les manifestations de la puissance individuelle et collective. Elles rendent les gens petits, faibles, impuissants. Elles coupent les bras et les pieds aux hommes pour les empêcher d'agir pleinement. Le droit fait ainsi la guerre à la guerre, aux guerriers, aux lutteurs cherchant la puissance et donc le bonheur.

De ce point de vue, le droit est dangereux, nuisible, illégitime. C'est l'ennemi des vivants. Il est au service des maîtres, des dominateurs, des ennemis des peuples, des masses populaires. C'est une arme fabriquée par les plus forts, les puissants pour se défendre, protéger leurs biens et leurs intérêts. Il est chargé de violence barbare, injuste, illégitime contre les faibles. Ainsi l'État avec sa police, son armée, ses juges de tribunal persécute, opprime, réprime les lutteurs, les combattants de la vie et du bonheur. Il ôte la liberté et le droit à la vie, au bonheur, à la puissance aux hommes. Les lois juridiques sont faites par les forts pour les forts et contre les faibles. Elles traduisent la volonté de puissance, de domination, de prédation, d'exploitation, d'oppression. C'est injuste. Mais par la ruse, la démagogie et le machiavélisme de l'État, ces lois nous sont présentées comme des instruments de paix, de sécurité, d'égalité, de liberté, de justice, de fraternité, d'union, de discipline et de bonheur pour tous. Quel mensonge grotesque! Quelle illusion! Cet enseignement est criminel à l'égard des peuples, des faibles.

La république, la démocratie et l'État sont ainsi dénués de toute légitimité. Les lois sont discriminatoires, liberticides, génocidaires, impérialistes, esclavagistes, colonialistes. Par exemple, le Code noir de Colbert, la Charte de l'impérialisme, le Pacte colonial imposé aux Africains par le Général de Gaulle, l'Apartheid en Afrique du Sud, l'ONU, l'OTAN, l'Union Européenne, l'Union Africaine etc. La recherche du bonheur par le droit positif (constitutions nationales manipulables à souhait) est une illusion, une arnaque, une escroquerie, une hypocrisie, un crime contre l'humanité. L'État est foncièrement machiavélique et criminel. Il est malhonnête, injuste. C'est un piège contre les peuples, les faibles, les lutteurs, les vivants. La légalité (Etat) est contre la légitimité (peuple). La volonté de puissance, de bonheur des faibles (la lutte) est opposée au droit positif des gouvernants. Elle est contrecarrée, torpillée par la ruse, la démagogie, l'hypocrisie et le machiavélisme des puissants criminels, prédateurs.

7

Le Bonheur Et La Religion

Dans les chapitres précédents, nous avons défini le bonheur. Nous l'avons mis en rapport conflictuel avec la morale ascétique et le droit positif. Nous l'avons défendu et sauvé du danger mortel que constituent la morale ascétique et le droit positif. Poursuivons ce même travail salutaire ici avec la religion. Le bonheur est dans la lutte. Mieux, il s'obtient par la lutte impitoyable comme manifestation de la vie. Vivre, c'est lutter et vouloir le bonheur. C'est vouloir du même coup la puissance tous azimuts. L'être heureux est celui qui exerce la puissance le rendant libre, indépendant, souverain, prospère et le mettant dans la paix. Un être heureux est maître de lui-même. Il est autonome. Il n'est pas conditionné ni aliéné par des forces extérieures à lui. Il n'est pas dominé, exploité, esclavagisé, colonisé. Il dispose de sa vie, de ses biens et de ses richesses de toutes sortes (matérielles, physiques, économiques, sociales, financières, intellectuelles, culturelles…). Il est pleinement et fortement lui-même. Il est puissant et redoutable.

La religion est un enseignement et une pratique qui véhicule des dogmes, des préjugés, des superstitions, des émotions, des illusions, des mensonges, des mythes. Si elle s'empare de l'homme, elle le brise, le neutralise, le paralyse, l'affaiblit. Elle l'intoxique, l'aliène, le transforme en mouton, en bourricot, en imbécile, en esclave docile. Elle lui dit: «Heureux, ceux qui sont pauvres d'esprit, crédules, soumis». « Heureux ceux qui croient sans voir». «Heureux ceux qui renoncent à la vie, aux biens et aux richesses matérielles, terrestres, au bonheur». «Heureux ceux qui quittent le monde pour l'au-delà de la vie, pour l'après-vie». «Si l'on te gifle sur la joue droite, il faut tendre la joue gauche». La religion transforme l'homme en zombie, en malade mental, en rêveur délirant qui peut finir par mourir très pauvre, miséreux et malheureux. Le croyant en Dieu est dégoûté de la vie et du monde. Il rêve au Paradis céleste, au royaume de Dieu. Il n'aime pas le monde. Il hait, méprise, condamne la vie. Il se déteste. Il a honte de lui-même en tant qu'il est homme.

Il a appris qu'il est très sale, méchant, pécheur, indigne et destiné à l'Enfer. Il condamne la puissance et la vie. La religion est la négation du vouloir vivre et de l'humanité par le moyen des mensonges, des mythes, des préjugés, des illusions (Dieu, âme, paradis, enfer, ange, félicité, béatitude, vie éternelle, royaume des cieux, sainteté, esprit saint).

La pratique religieuse consiste à se préparer pour la mort, pour l'après-vie, pour l'au-delà du monde où le croyant pourra rencontrer Dieu, les anges, le saint esprit. Le croyant veut s'unir à Dieu, s'identifier à lui (yoga en sanscrit). Dès lors, il est indifférent à notre monde d'ici-bas, à ses réalités et à ses problèmes. Il n'est pas du monde, même s'il est, malgré tout, encore dans le monde en tant qu'il est vivant. Il trouve inutile et stupide que les autres continuent à lutter, à revendiquer le droit de vivre, le bonheur terrestre et la puissance.

A présent, il est avéré que ce sont les religieux associés aux hommes d'affaires, aux gouvernements, aux faux scientifiques, aux propriétaires des firmes pharmaceutiques, aux grands capitalistes, aux mystiques, aux sorciers de tout acabit assoiffés de sang humain qui sont en train de détruire la civilisation, le monde et de massacrer l'humanité impunément. Ce sont eux les mondialistes, les eugénistes, les utopistes, les satanistes, les diables, les démons, les racistes qui sont en train de créer un nouvel ordre mondial par l'extermination des peuples de la terre. Ce projet macabre est consigné dans leurs livres dits saints ou sacrés (Bible: apocalypse) depuis des millénaires. Il est en train de prendre forme de nos jours. En témoigne la guerre bactériologique et virologique déclenchée sur toute la surface de la terre en même temps à partir de 2020 (covid-19). Cela ravage impitoyablement l'humanité. C'est le plus grand génocide ou le plus grand crime contre l'humanité dans l'histoire. C'est le bio-terrorisme jamais connu auparavant. Tel est l'Agenda de l'ONU qui envisage de dépeupler la terre (Agenda 21) en tuant 90% de la population mondiale et en zombifiant le restant grâce à des poisons et à des vaccins toxiques, mortifères, anti-natalistes. C'est l'oeuvre d'un gouvernement mondial qui se met en place de façon accélérée. Ce gouvernement mondial collectiviste et autoritaire nous impose l'ordre satanique de la Bête (apocalypse). L'humanité se laissera-t-elle faire jusqu'au bout? Wait and see. A bon entendeur, salut! Un homme averti en vaut deux. Il se met doublement sur ses gardes. C'est une question de vie ou de mort. L'homme ne vit qu'une fois. C'est assez dire.

8

La Psychologie Et Le Bonheur

Quel rapport y a-t-il entre la psychologie et le bonheur? La psychologie est au premier rang des sciences humaines. On peut la résumer par la formule socratique qui dit: «Connais-toi toi-même». Socrate invite l'homme à s'étudier et à se connaître en tant qu'il est un être humain. Les autres philosophes grecs avant lui étudiaient plutôt la nature, l'univers. Ils étaient des physiciens, des naturalistes, des cosmologues. Ils répondaient à la question: de quoi est faite toute chose (quelle est la matrice du monde)? Pour Thalès de Milet, c'est leau. Pour Héraclite d'Ephèse, c'est le feu, la chaleur, l'énergie. Pour Empédocle, c'est l'amour dont le contraire est la haine. Pour Pythagore de Samos, c'est le nombre. L'étude de l'homme comme objet de connaissance (âme ou esprit) est apparue pour la première fois chez Socrate, humaniste et psychologue. Pour lui, il est absolument important pour l'homme de connaître sa nature, le fonctionnement de son esprit, sa vocation, sa destinée. En effet, la psychologie permet de comprendre, d'expliquer les réactions de l'homme, les émotions, les sentiments et les conduites ou comportements humains. Pour Socrate, se connaître comme esprit ou âme est la base de la vie morale et du bonheur. La préoccupation de Socrate est d'ordre moral. Il s'agit de cultiver la vertu morale pour être heureux. Ce qui compte le plus pour

Socrate, grand moraliste, est le bien. L'idée de bien est pour lui l'idée suprême. C'est la vertu mère.

L'ignorance de la vertu morale est la cause des maux et des malheurs. Notre âme est, au départ, prédisposée à faire du bien et rien que du bien, jamais du mal. L'homme est naturellement bon. Il n'est pas méchant. S'il lui arrive de faire du mal, c'est qu'il s'est trompé sur la nature du bien. Le mal est involontaire. Il arrive par ignorance ou par erreur. Nul n'est méchant volontairement. Le rôle des philosophes et des rois est de guider les hommes vulgaires vers le bien comme divinité située dans le **monde intelligible** (royaume des Idées, de l'intelligence). Socrate appelle ce voyage au monde intelligible l'ascension dialectique. Le devoir des sachants ou philosophes est de sortir les gens vulgaires, ignorants, de l'obscurantisme, du **monde sensible.** Ils doivent les sortir de la caverne ténébreuse (monde des sensations, des croyances, des conjectures, des préjugés, des mensonges) où ils sont enfermés comme des prisonniers depuis leur naissance (le mythe de la caverne). Celui qui est illuminé pour avoir contemplé l'Idée de Bien est vertueux. Il n'est pas passionné. Il est uniquement guidé par la Raison. Il est heureux. Il devient roi et l'éducateur des ignorants passionnés. Le philosophe est roi ou le roi est philosophe. Telle est la condition ou la responsabilité des élites intellectuelles et politiques dans le monde.

Le commun des mortels, l'homme vulgaire, est mû, dominé par l'opinion, les préjugés, les illusions, les apparences trompeuses, les croyances, les passions, la sensation (monde sensible). La psychologie est effectivement une discipline efficace dans la lutte du vivant pour le bonheur. C'est une science de domination car elle enseigne les secrets, les lois de l'esprit humain. L'individu qui détient ces lois peut devenir puissant et le maître des autres. Les philosophes-psychologues transforment l'esprit des hommes, les fortifient, les éclairent sur eux-mêmes, sur leur condition ou situation. Ce sont des guides spirituels, mentaux. Ainsi Nicolas Machiavel, auteur du **Prince**, est le guide intellectuel desgouvernants, des politiciens. Nietzsche en est un autre et non des moindres. Son plus grand disciple ou héros est Adolf Hitler, grand combattant nazi. Karl Marx est le fils spirituel de Hegel, auteur de **La Phénoménologie de l'esprit.** (la dialectique du maître et de l'esclave). Tous ces penseurs nous donnent des règles de vie éclairant la lutte pour le bonheur. Karl Marx a formé une pléthore de lutteurs qui se sont rendu maîtres de l'humanité: Lénine, Mao Tse Toung, Fidel Castro... Lénine a créé et dirigé l'Union des Républiques Socialistes, Soviétiques (URSS), Mao a créé et dirigé la grande Chine populaire, communiste. Fidel Castro a créé et dirigé la société communiste de Cuba jusqu'à sa mort. Les disciples de ces penseurs ne se comptent plus dans le monde. Ils sont présents sur tous les continents. Ils ont bouleversé l'ordre du monde et transformé l'histoire. Ils ont renversé les régimes bourgeois capitalistes dans la plupart des pays en Europe, en Asie, en Afrique et en Amérique. Tout cela prouve que la psychologie fait des maîtres et des héros dans la lutte pour le bonheur. Thomas Hobbes a fait lui aussi ce travail dans le **Lévianthan** (l'homme est un loup pour l'homme). Dans la lutte pour le bonheur, il faut acquérir la puissance avec les penseurs, les sages qui enseignent la vérité et expliquent la réalité. Il faut écouter les philosophes de l'histoire, les philosophes réalistes, objectifs. Il faut fuir les menteurs qui enseignent les illusions, les préjugés moraux ainsi que les prêtres ascétiques. Ces derniers empoisonnent et affaiblissent notre esprit. Ils nous maintiennent dans l'obscurantisme, l'ignorance, la soumission, la servitude, l'impuissance.

Nous avons besoin de la force, de la puissance, de la pugnacité pour vivre dans nos sociétés qui sont des jungles. Vivre, c'est chercher le bonheur. Chercher le bonheur, c'est lutter contre les autres. C'est être fort, puissant dans le monde-jungle des loups et des lions. Si tu es un mouton parmi les loups et les lions affamés, fais tout ton possible pour sauver ta tête. Tous les hommes sont ennemis. Il n'y a pas de fraternité, d'amitié, d'amour du prochain, de charité, de philanthropie réels, naturels. Ces choses sont des idéaux ascétiques, des illusions et des préjugés moraux et religieux trompeurs et nuisibles (mortification). Il faut éviter d'en être victime. Observe la réalité quotidienne dans ta vie. Laisse-toi guider par cela. C'est salutaire. C'est la psychologie pratique, vitale.

9

L'individu Et Le Bonheur

L'individu qui vit est en lutte. Sa vie est une lutte permanente qui s'exprime par ses activités quotidiennes. Il n'est pas passif. Il est plutôt actif. Ses actions entrent en concurrence avec les actions des autres (membres de famille, collègues de travail, hommes de la rue…). Tous les vivants se défendent les uns contre les autres et s'attaquent les uns les autres. L'homme est un loup pour l'homme. Frères, sœurs, pères, mères, épouses, époux, cousins, cousines, oncles, tantes… sont en rivalité, en concurrence permanentes. Cela peut être sous la forme d'un conflit ouvert ou sournois, hypocrite, camouflé sous des apparences amicales, fraternelles, avec des paroles et des gestes de gentillesse, de générosité, de compassion, de solidarité, d'affection, d'empathie, de charité, d'altruisme, d'abnégation. La jalousie, la haine, l'égoïsme, la méchanceté sont souvent dissimulés derrière l'apparence angélique, humaniste et divine. C'est là que se trouve le piège très dangereux qui prend facilement les gens naïfs qui baissent leur garde ou manquent de vigilance. Ainsi ils se laissent surprendre par leurs ennemis cachés et ils regrettent leur imprudence et leur confiance bête aux autres. Sache que personne ne veut te voir réussir, être heureux, puissant. La vie est une course mortelle de tous vers le bonheur, la gloire, les honneurs, les plaisirs, la puissance, le sommet ou le trône. La vie est une lutte générale sans pitié. Les plus forts écrasent, éliminent, massacrent les faibles.

Tout le monde est prêt à te détruire rapidement, à te faire échouer ou à voler ton succès, ton bonheur, ta victoire, tes biens pour être heureux dans la mesure du possible (même si c'est de façon illusoire). Telle est la réalité. C'est une constante universelle. Chacun veut te supprimer, t'anéantir et prendre ta place dans la course au bonheur si tu es en tête quelque part. Gare à toi si tu as devancé les autres, si tu es sur le point de gagner une course, de remporter une victoire. Tous les mauvais coups sont bons contre toi et sont permis dans cette compétition. La fin justifie les moyens. Cela est valable dans tous les domaines et partout: au travail, aux jeux, dans la vie publique, politique, artistique, sociale, sportive, économique, familiale, nationale, internationale. Chacun veut satisfaire son orgueil, sa vanité, en prouvant à tous qu'il est le plus fort, le plus puissant, le meilleur. Chacun veut soumettre, dominer tout le monde. C'est alors la guerre de tous contre tous. Mais cela est soigneusement voilé par des manières diplomatiques, c'est-à-dire hypocrites, mensongères et trompeuses. La lutte pour la vie et le bonheur est très réelle. Elle prend des formes complexes, des proportions et des dimensions très variées, diverses et subtiles qui se cachent dans les petits détails de la vie. Elle peut être violente, manifeste ou douce, discrète, voilée. Si tu es attentif, intelligent, tu la découvriras dans les paroles ou dans les faits et gestes des autres. Combien de personnes ou de familles n'ont-elles pas empoisonné, sacrifié ou assassiné les leurs par jalousie, haine, envie, esprit de concurrence, de rivalité, égoïsme, égocentrisme, méchanceté?

La lutte pour la vie, le bonheur et la puissance s'appelle ailleurs instinct de vie ou instinct de conservation. Elle procède souvent par la ruse. Quelque fois elle est frontale, brutale, sans voile, directe. Elle peut être consciente ou inconsciente. Cela dépend des caractères et des tempéraments des hommes. Les gens sont différents les uns des autres. Alors cette lutte se manifeste soit par la finesse, la douceur, la ruse, l'hypocrisie, la courtoisie, la politesse, la gentillesse soit par la brutalité, la violence, la méchanceté, la cruauté, la barbarie, le cynisme, la sauvagerie. Tu cherches ton bonheur personnel? Les autres également cherchent le leur. Alors vous vous rencontrez inéluctablement sur le même chemin qui mène au bonheur. Cela signifie que vous employez les mêmes moyens qui sont à la disposition de tous. Chacun agit aux détriments de chacun. Chacun agresse chacun en lui arrachant ceci ou cela. D'où les conflits éternels d'intérêt, de puissance, de bonheur, de personne. On ne fait jamais le bien pour le bien, gratuitement, bénévolement, par charité, altruisme, désintéressement. Par amour du prochain ou du genre humain. L'amour divin n'existe point. On fait le bien par intérêt, orgueil, vanité, contrainte, avec l'intention de gagner quelque chose. Généralement c'est pour dominer autrui, humilier son prochain et afficher sa puissance orgueilleuse et vaniteuse. Le bénéficiaire du bienfait est en position de faiblesse. Il fait pitié. Il ressemble à un oiseau qui a perdu ses deux ailes et qui ne peut plus s'envoler. Un tel oiseau est cloué au sol et attend l'aide d'un sauveur. Il est tout impuissant. Il ne vaut plus rien. Il n'est plus un oiseau. Il n'est plus lutteur. Il a perdu le droit à la vie. Il est à la merci de tout le monde. C'est une proie facile. Tout le monde a droit de vie ou de mort sur lui. Il en est ainsi d'un lion auquel on a arraché tous les crocs et toutes les griffes. Ce lion est tombé dans l'impuissance absolue. Il est réduit à sa plus simple expression. La lutte pour la vie, le bonheur et la puissance est terminée pour l'oiseau sans ailes et pour le lion sans crocs ni griffes. Ces deux êtres sont vaincus ou morts.

10

La Famille Et Le Bonheur

La famille est le condensé ou le résumé de la société globale. C'est un micro-Etat, un micro-pays ou une fraction de l'humanité. A sa tête, il y a un chef (le père de famille) et à sa base, il y a le peuple (la mère de famille et les enfants). C'est un groupe cohérent, bien structuré et orienté vers un but collectif qu'est le bonheur de tous. Chaque élément de ce groupe est un conquérant, un lutteur désirant le bonheur. Il veut jouir, profiter au maximum de la puissance et de l'économie collectives. Chaque membre veut être puissant, s'accaparer la richesse, le trésor, les biens et le patrimoine communs. C'est une lutte acharnée, une compétition serrée, sans pitié. On parle de palabre, de guerre d'héritage. Les enfants se battent entre eux, animés par la volonté de puissance et de bonheur. Ils sont des ennemis. Le père et la mère également sont en lutte pour la même raison de bonheur, de puissance. C'est le conflit d'interet, de puissance et de bonheur generalise, la guerre de tous contre tous. Au sein des familles, on retrouve la situation conflictuelle de la société globale ou de l'humanité. On y rencontre des dominateurs et des dominés, des maîtres et des esclaves, des lions et des moutons. Chacun se défend comme il peut. Il veut sauver sa peau, sa tête, ses intérêts. Cela peut causer la mort.

La volonté de bonheur, c'est la volonté de puissance, la volonté de supériorité et d'intérêt. Le tout constitue la vie comme champ de violence, de lutte, de conflit. La morale, le droit et la religion sont utilisés à ces fins belliqueuses, hégémoniques, historiques. Ce sont des armes, des instruments qui allument, entretiennent, alimentent le feu (division, conflit). Ils attisent les braises et les flammes, les ravivent. Dans une famille donnée, c'est à chacun ses adversaires, ses concurrents, ses rivaux et ses ennemis. Il n'y a pas de famille dans laquelle on ne rencontre pas de manifestation de jalousie, de haine, d'envie, d'animosité, d'égoïsme, de méchanceté. Or ces virus mentaux sèment nécessairement la tension, la violence, le mal. Mais cela peut être quelque fois voilé par une apparence trompeuse de paix, d'harmonie, de sécurité, d'amour, d'affection, de fraternité, de solidarité, d'union, de discipline, de justice, d'égalité de condition, de convivialité, d'humanité. L'homme est toujours un loup pour l'homme dans toutes les situations et dans toutes les positions. Il n'est pas et ne sera jamais un ange, un saint esprit, un dieu. Il n'est pas fait à l'image de Dieu comme cela est dit. C'est plutôt l'homme qui a créé des êtres à son image qu'il nomme satan, démon, diable, lucifer. Il les maudit hypocritement et les place dans le ciel ou ailleurs. L'homme se sert de tout cela dans sa lutte et sa course au bonheur, à la puissance et à la domination.

Nous présentons ici le vrai visage et le vrai rôle de la famille. Il ne faut pas se tromper sur la famille. Il ne faut pas l'idéaliser, la cristaliser. Il ne faut pas mentir en prenant la famille pour ce qu'elle n'est pas. Il ne faut pas jouer le jeu des moralistes, des religieux qui cristalisent la famille en lui attribuant des vertus ascétiques qu'elle n'a pas. La famille n'est pas un paradis sur terre. C'est un panier de crabes, une jungle. Ne cachons pas cela au monde. Ce n'est pas nous qui la voulons ou la rendons ainsi. Mais elle est naturellement comme telle. La présenter autrement ou sous des couleurs et des apparences angéliques, divines, c'est être de mauvaise foi. Nous disons ce que sont les choses et non pas ce que les choses doivent être. Telle est notre mission. Nous combattons les préjugés, les mensonges, les illusions, les superstitions, les fausses croyances, les mythes et les apparences trompeurs et nuisibles à l'homme. Seule la vérité et l'objectivité scientifiques pourront sauver l'humanité. Le réalisme et l'objectivité qui caractérisent nos propos ne sont pas des signes de pessimisme ni de cynisme. Loin s'enfaut. La fin justifie les moyens. Si tu veux le bonheur, emploie les moyens idoines, nécessaires, efficaces (la vérité). Ne fais pas le contraire. Ne te trompe pas de route. Ne te laisse pas tromper. La bonne route ici est la science, la psychologie, c'est-à-dire la connaissance de l'esprit humain. Connais-toi toi-même et étudie les autres.

11

Le Pays Et Le Bonheur

Un pays est le terrain des luttes pour le bonheur de chacun et de tous. C'est là que se déroulent toutes les rivalités, toutes les concurrences et toutes les compétitions mortelles. C'est la plus grande jungle où se trouvent des lions, des moutons, des herbes, des gazelles, des éléphants, des serpents, tous les êtres, toutes les choses les plus effrayants, les plus redoutables, les plus dangereux. Là a lieu la guerre de tous contre tous au nom de la puissance et du bonheur. A chacun de se doter des forces nécessaires pour tenir tête aux autres et être heureux. Si l'homme est né libre comme cela se dit, partout il est dans les fers (Rousseau). Il est dans une bataille féroce contre les fers, c'est-à-dire les obstacles, les contraintes, les dangers de toutes sortes, les concurrents ou adversaires. Son pays le soumet à des épreuves, à des défis, à des difficultés infinis. Ainsi pour vivre, l'individu doit s'instruire et réussir à l'école. Il doit étudier et franchir plusieurs niveaux dans son éducation scolaire. Il est obligé d'obtenir des diplômes, des grades et des qualifications professionnelles. Il doit bien se former afin de mériter un emploi, un salaire. Il est soumis à des examens et à des concours sélectifs. C'est une lutte, une compétition acharnée. C'est sans pitié. On veut que l'apprenant soit fort, intelligent, brillant, ingénieux, talentueux, courageux. Les chances de réussite sont accordées aux meilleurs, aux plus méritants.

On choisit les champions, les élites (élitisme). Les faibles, les médiocres et les minables sont éliminés, jetés à la poubelle. Leur vie est hypothéquée, menacée, en danger. Ils sont indésirables. Ils constituent les déchets de la société. Ils sont indignes, honteux. Ils sont condamnés à végéter, à vivoter, à demeurer dans la précarité, l'indigence, la misère, la souffrance, la pauvreté, à la marge de la société. Ils mènent une vie souterraine, méprisable. Certains malheureux parviennent à renverser la vapeur, à relever des défis, à gravir héroïquement les échelons de la vie et à accéder au rang des maîtres, des nobles, des champions. Car la volonté de puissance et de bonheur les habite malgré tout. Leur orgueil est fouetté. Et ils se font une place glorieuse dans la société. Ils vengent leurs échecs et défaites passés. Ils surmontent leurs handicaps, leurs faiblesses, leurs carences. Ils glanent des victoires, conquièrent des lauriers, des palmes d'or. Ils entrent dans la légende. Ils s'immortalisent. Les gens qui sont favorisés par le sort, par leur naissance, ont la tâche plus facile. Ils sont nés déjà rois ou maîtres. Ils sont dotés, à la naissance, de tous les moyens matériels et financiers de leur ascension sociale, économique, politique, intellectuelle. Leur réussite est garantie par la puissance et le bonheur de leurs parents riches. Tout a été fait pour eux avant leur naissance. Ils jouissent de l'héritage, du patrimoine de leur famille. Ce sont des profiteurs, des chanceux. Ils sont bien nés. Ils sont nés dans l'abondance ou la surabondance. Ils n'ont plus à lutter. Ils ont le bonheur en cadeau. C'est leur don de Dieu. Les autres sont obligés de construire eux-mêmes leur bonheur. Ils ont le devoir de lutter pour obtenir la puissance, pour devenir maîtres et rois. C'est ainsi que le fils d'un pauvre, d'un citoyen de la basse classe sociale, devient Président de la République ou un très haut cadre d'un pays. Ce cas est fréquent dans le monde. L'histoire nous le montre en Afrique, en Amérique, en Europe, en Asie et en Océanie (les artistes, les sportifs, les politiciens, les savants, les philosophes, les écrivains). Ils sont méritants, talentueux, compétents, valeureux, braves. Ce sont des héros. Ils ont gagné leurs luttes et leurs salaires à la sueur de leur front. Ils sont les plus dignes et les plus respectables.

Le pays est à la fois une jungle, un panier de crabes, un enfer et un paradis. Tu peux en faire ce que tu veux. Tu dois y bénéficier au maximum. Il faut en tirer un maximum d'avantages. Il te donne beaucoup d'adversaires et des terrains de lutte pour te construire et faire ton bonheur. Si tu es fort, sage, tu en profiteras légitimement. Tu seras puissant, heureux. Tu seras un maître, un héros, un génie, une élite. Tout dépend de ta volonté, de ton courage, de ton intelligence, de ta sagesse. Ta personnalité fera le reste, ton destin et l'histoire. Tu peux transformer ton pays, l'agrandir, le rendre plus riche, plus puissant, plus beau ou, au contraire, le détruire, le mettre en décadence. L'avenir et le devenir du monde, des sociétés et des peuples dépend toujours de la volonté de quelques individus. L'histoire nous le montre. Regarde autour de toi, dans ton pays, et ailleurs, dans le monde. Tu verras des héros, des sages, des génies qui gouvernent et dominent le monde. Il faut t'inspirer d'eux. Leurs cas peuvent te fortifier, te redresser et te faire progresser. Cela peut te guider vers la gloire, les honneurs, la grandeur, le bonheur et le salut. Sois un bon exemple pour l'humanité . Sois une école pour les autres comme certaines célébrités ou légendes historiques dont les œuvres nous interpellent par leur exemplarité et leur beauté. L'humanité a toujours besoin de héros, de maîtres, de génies, de sages pour la conduire à la gloire, à la puissance, au bonheur. Sois le plus fort, le plus intelligent, le plus riche, le plus puissant, le plus grand, le plus heureux. Il faut te servir de ta Raison et de ta volonté. Tout est possible à l'homme. A coeur vaillant, rien d'impossible. Il faut avoir la rage de vaincre et de gagner toutes tes batailles. Sois comme le lion. Il ne faut jamais abandonner un combat noble, utile et intéressant. Cela t'améra à la gloire. A vaincre sans péril, on triomphe sans gloire (Pierre Corneille).

12

L'Etat et le bonheur

L'État est l'institution politique suprême pour chaque pays. Il se traduit concrètement par le gouvernement avec toutes ses sructures et institutions fonctionnelles. Il représente le symbole de la domination absolue. Les anarchistes le combattent à cause de ses fonctions régaliènnes de répression, de coercition, d'asservissement, d'assujettissement et d'aliénation des hommes. Il est vu par eux comme le danger suprême contre la vie et la liberté individuelles, contre la volonté de puissance et de bonheur. L'État est la direction de la société civile. Il est doté de plusieurs structures et institutions par lesquelles il manifeste son autorité et sa puissance sur les hommes. Il est le siège et le créateur des lois. L'obéissance aux lois est soit la servitude soit la liberté. La liberté est le droit et la permission d'agir ou de ne pas agir accordés aux citoyens par l'Etat. Nous avons le devoir d'obéir uniquement aux lois justes, légitimes et salutaires de l'État et non pas aux lois arbitraires, cyniques, sadiques, criminelles des hommes, fûssent-ils Présidents ou rois. L'État est un phénomène moral (Hegel). Ce n'est pas un léviathan, un monstre dévorateur des hommes, des libertés et des biens de tous. L'État se veut le moteur de la promotion et de la sauvegarde de la paix, de la liberté, de la sécurité, de l'ordre et du bonheur des citoyens. Il doit traiter les hommes comme des êtres libres et des citoyens mais non pas comme des choses, des objets, des esclaves, des animaux. Ses lois sont considérées comme l'expression de la volonté générale ou populaire, c'est-à-dire le bien commun (dans un cadre démocratique et républicain). Cela exclut donc l'arbitraire, l'autocratie, la dictature sanguinaire (à la manière africaine), la barbarie, l'injustice, le mépris de la dignité de la personne humaine (morale ascétique et religieuse, morale du devoir de Kant).

Il faut se demander si les Etats historiques sont légitimes, responsables, s'ils satisfont les exigences de la définition morale de l'État. Les pratiques despotiques, tyranniques, absolutistes et totalitaires des pays actuels sont à l'opposé de la notion d'État. Il n'y a pas réellement de démocratie, de république, de consensus populaire, de liberté, de justice égalitaire, de respect des droits du citoyen (droit à la vie, droit à la dignité, droit au bonheur, droit é la liberté, droit à la santé, droit à la puissance…) dans le monde, dans cette époque de corona virus (covid-19). Toutes les décisions politiques, sociales, sanitaires et économiques actuelles des gouvernants du monde sont immorales, inhumaines et criminelles à l'endroit des peuples (la formation d'un nouvel ordre mondial satanique, diabolique, luciférien avec son lot de malheurs insupportables et inacceptables). C'est le comble de l'arbitraire, du totalitarisme, de la méchanceté et du cynisme jamais vu sur la terre. Il s'agit des crimes contre l'humanité et des folies meurtrières, génocidaires à l'échelle planétaire comme le bio-terrorisme ou guerre bactériologique (covid-19, SIDA, EBOLA), l'eugénisme, la création d'un gouvernement mondial collectiviste, l'extermination ou la réduction drastique de la population mondiale, le dépeuplement de la terre grâce à la science, à la technologie, à la médecine (vaccins anormaux, illégitimes, anti-scientifiques, à la biologie, à la guerre et toutes sortes de cruautés et de folies inimaginables.

Les Etats mondiaux d'aujourd'hui sont illégitimes et dangereux. C'est peu dire. Ce sont des monstres froids. Ils mentent et assassinent froidement leurs peuples. Ils conduisent leurs peuples à l'abattoir. Ils les égorgent comme des moutons de sacrifice. La covid-19 satanique (bio-terrorisme) des mondialistes et des malthusianistes est une crise morale mondiale très aiguë. Comment des hommes peuvent être méchants, cruels et criminels jusqu'à ce point? Le comble dans tout cela est qu'ils ne sont nullement inquiétés ni punis. Ils narguent allègrement tout le monde et jouissent de l'impunité absolue. Dans quel monde sommes-nous? Et malgré tout ça on ose nous parler encore de justice, d'égalité, de paix, de sécurité, de bonheur, de démocratie, de république, de liberté!? De qui se moque-t-on? On se fout de la gueule des moutons. C'est facile et sans risque. Mais on ne peut point se foutre de la gueule des lions. Les peuples doivent le comprendre. Tant qu'ils resteront moutons, tel sera toujours leur sort sur la terre. Les Etats actuels ne font pas notre bonheur mais plutôt notre malheur. Ils nous trompent, nous manipulent et nous massacrent allègrement. Les lois sont faites par la mafia pour les intérêts criminels de la mafia. Elles sont faites par les plus forts contre les faibles et les peuples. La démocratie est un mensonge éhonté, un mythe dangereux, une illusion puérile, une tromperie. «S'il y avait un peuple de dieux, il se gouvernerait démocratiquement; un gouvernement si parfait ne convient pas à des hommes», dit Jean-Jacques Rousseau. Les hommes sont passionnés, égoïstes, injustes et méchants. Les Etats historiques sont des jungles et des paniers de crabes. Les gouvernants sont des loups et des lions affamés en face des peuples-moutons. Ils ont un droit de vie ou de mort sur les troupeaux de moutons. Ils mettent la vie de tout le monde en danger. Ils nous offrent l'Apocalypse et la Bête aujourd'hui. Le Président français, Emmanuel Macron, grand mondialiste et franc-maçon, nous dit ouvertement à la télévision: « Nous sommes en guerre. L'ennemi est invisible. La Bête est là. Notre époque vit cela. Nous l'expérimentons». Il parlait ainsi de la covid-19 au peuple français. Il annonçait ainsi l'arrivée de la maladie qu'il offre joyeusement à la France et au monde (le nouvel ordre mondial des Francs-maçons, des illuminati, des mystiques, des sorciers, des satanistes et des démons). Peuples de la terre, réveillez-vous! Ouvrez les yeux, réagissez, défendez-vous, avant qu'il ne soit trop tard. Plus que jamais, l'heure est trop grave. Nous sommes tous en danger. Parlons et agissons. Résistons. Défendons, protégeons la vie, la civilisation et l'humanité telle que la nature , l'univers et le grand Tout nous l'ont donnée. Refusons tous ensemble le nouvel ordre mondial et tous ses poisons stérilisants et mortels. Empêchons les démons de nous contrôler, diriger, zombifier, animaliser, robotiser et nous exterminer au final.

13

L'humanité et le bonheur

L'humanité est à la fois la somme, la qualité et la valeur des hommes. Il y a environ huit milliards d'hommes sur la terre. Depuis des millénaires, les hommes vivent ensemble dans le monde. Ils sont dans toutes sortes de rapport. Ils ont tissé entre eux des liens complexes et infinis. Ils se sont organisés en nations, en tribus, en clans, en républiques, en royaumes, en villages, en villes, en familles etc. Cela est conforme à leur nature. Les hommes se sont organisés ainsi par intérêt, afin d'atteindre le bonheur. L'union fait la force. C'est bon pour la sécurité, la paix et la puissance individuelles et collectives. La grande famille humaine a des ennemis redoutables dans le monde. Ce sont les forces ou catastrophes naturelles et les autres êtres dangereux tels les animaux. Cependant les différents groupements humains précités s'affrontent régulièrement entre eux. Ils ne coexistent pas pacifiquement, fraternellement, convivialement, harmonieusement. Le vivre-ensemble est difficile et souvent compromis par les défauts de la nature humaine. Ainsi l'intérêt, l'égoïsme, l'égocentrisme, le tribalisme, le clanisme, le régionalisme, le racisme, la jalousie, la cupidité, l'avidité, la volonté de puissance et de bonheur. Ainsi l'amour du prochain, l'union parfaite, la discipline, la justice, l'égalité, la solidarité, la compassion et l'entraide n'existent pas réellement, nécessairement.

Les hommes sont divisés et sont en lutte, en conflit et en guerre entre eux par intérêt, par la volonté de puissance, de domination et de bonheur. La guerre de tous contre tous se traduit par le civisme, le patriotisme, le nationalisme, le régionalisme, la morale ascétique. La conscience de son ego, de sa famille, de son village, de sa ville, de sa nation, de sa tribu, de son clan, de sa race pose problème. Cela est source de conflit, de violence, d'injustice, de méchanceté, d'agression, de guerre (impérialisme, esclavagisme, colonialisme). La volonté de puissance, de domination, d'intérêt, de bonheur personnels et collectifs provoque des catastrophes et des génocides . Ainsi les ego entrent en guerre (égoïsme), les familles entrent en guerre (familialisme), les nations entrent en guerre (nationalisme), les patries entrent en guerre (patriotisme), les tribus entrent en guerre (tribalisme), les clans entrent en guerre (clanisme), les ethnies entrent en guerre (ethnisme-ethnocentrisme), les races entrent en guerre (racisme). Finalement, il y a plus de raisons ou facteurs de division, de violence et de conflit entre les hommes qu'il n'y en a pour les unir, les sauver et leur construire un bonheur collectif et individuel. Partout, on constate des luttes et des conflits endogènes et exogènes (lutte des classes, des groupes, des races, des sociétés, des continents).

En somme, l'humanité est contre l'humanité. Tous les vivants sont des ennemis, des concurrents. L'hostilité est présente partout, dans la famille humaine. L'amour du prochain est intéressé, égoïste, violent. La bonté est paradoxalement remplie de méchanceté. La gentillesse, la générosité, la compassion, la charité, l'altruisme et la philanthropie sont en vérité leurs contraires. C'est un jeu d'hypocrisie. Même les renonçants, les ascètes, les puritains, les saints, les yogis sont égoïstes et méchants. Ils sont dans la dynamique du mal. Ils sont sagement égoïstes. Il y a deux sortes d'égoïsme. Il y a l'égoïsme de l'homme vulgaire et l'égoïsme de l'homme sage. Le Dalaï Lama conseille aux hommes de pratiquer l'égoïsme de sagesse. Cela consiste à voiler le cynisme, la cruauté, la méchanceté incontournables. C'est de l'hypocrisie. La religion de compassion et d'empathie est une école d'hypocrisie. Le sacrifice de soi, l'abnégation, le don de soi, l'abandon, le renoncement, le détachement ainsi que tous les autres idéaux ascétiques sont donc des dangers pour la vie. C'est la négation du vouloir vivre. Ce sont des tentatives de suppression de la vie comme phénomène violent et tragique (vitalisme pragmatique de Nietzsche). Car la vie s'exprime toujours comme volonté de puissance, de bonheur, lutte et tragédie. La vie est égoïsme et violence. Cela est indéniable. On ne peut pas changer la nature des hommes. Vouloir transformer les hommes en Dieu, en bouddhas, c'est les tuer, les supprimer de la terre. Les saints n'existent pas dans ce monde. Ceux que l'on appelle saints sont des comédiens et des farceurs. Ils sont plutôt des champions mondiaux en matière de lutte pour la domination, la puissance et le bonheur. Ce sont des tragédiens, des combattants de la vie avec des méthodes qui leur sont propres (les idéaux ascétiques comme stratégie de vengeance et de ressentiment). Ce sont des guerriers hors pair. Ils sont inégalables, très rusés. Tel est leur mérite comme négateurs de la vie. Nier la vie, c'est encore l'affirmer davantage, par d'autres moyens. Combattre la puissance, c'est chercher la puissance à la puissance infinie. Condamner l'humanité, c'est encore louer, magnifier et glorifier l'humanité. C'est tenter de faire une chose impossible. L'humanité résiste et survit héroïquement à toutes les condamnations morales et religieuses inspirées par le ressentiment et l'esprit de vengeance. Combattre le bonheur, c'est le désirer davantage. Louer la faiblesse, l'impuissance, la petitesse, la compassion, la pitié, la charité, le don de soi, la bonté, l'amour du prochain, c'est les nier d'une manière absolue. C'est les condamner sans appel, avec plus de méchanceté, de fermeté et de dureté. Tels sont les paradoxes humains. Il faut tenir cela pour vérité apodictique.

Conclusion

La volonté de bonheur. Tel est le titre de cet ouvrage. La volonté est un concept opératoire et régulateur. Le bonheur l'est également. Ces deux concepts enferment des valeurs primordiales. A partir de leur relation dialectique, nous avons montré la dialectique qu'il y a entre la vie, la puissance et la lutte. Nous avons construit un enseignement fondamental et critique sur ces notions pour éclairer les hommes vulgaires et les esprits dogmatiques. Notre souci n'est pas de moraliser l'humanité. Car nous ne jugeons pas cette entreprise utile ni féconde. Nous travaillons plutôt comme agent de la connaissance. Nous visons la vérité matérielle et historique. Nous avons écarté les préjugés moraux, ascétiques et religieux comme opium des peuples afin d'ouvrir la voie à la connaissance de la vie et de l'homme comme l'a fait Nietzsche avant nous (le vitalisme pragmatique). Pour nous, la connaissance vraie, objective, est la valeur suprême. Elle est inestimable. C'est elle qui peut aider et sauver l'humanité en déroute, dans la confusion et dans la décadence. Socrate a dit: «Connais-toi toi-même». La connaissance objective et sans passion de l'homme par l'homme est une nécessité absolue et primordiale. La morale, le droit et la politique efficaces, rationnels et salutaires pourront découler de cela. La bonne éducation du genre humain doit s'appuyer sur cela. Il s'agit de l'étude de la vie mentale, des comportements, de l'esprit humain. Cela s'appelle la **psychologie**.

Les lois découvertes par les psychologues sont très précieuses à celui qui lutte, qui veut se frayer un chemin et marcher vers le bonheur ou se construire une bonne et grande personnalité. Ainsi la psychologie représente la science mère et le moteur de la vie individuelle et collective, de la vie politique et économique. La vie repose sur la lutte. C'est un acte guerrier. Pour faire la guerre et la gagner, il est nécessaire de posséder des armes efficaces. La meilleure des armes est ici la très bonne connaissance de l'ennemi, de ses armes, de sa stratégie et de sa tactique à lui. La psychologie joue ce rôle dans notre lutte quotidienne pour le bonheur et la puissance. La psychologie nous apprend que l'homme se définit par la volonté de puissance et de bonheur. Et la volonté de puissance élève l'homme à la grandeur et au bonheur. Elle fait de l'individu un maître, un dominateur. Elle lui confère la liberté, la paix, la sécurité. Les hommes et les peuples qui manquent de volonté de puissance sont mis en esclavage par les puissants. Ils sont réduits à des animaux et à des objets. Ils sont contrôlés, dominés, colonisés et assujettis par les peuples qui manifestent la volonté de puissance et de bonheur. Telle est la valeur opératoire de la volonté de puissance et de bonheur.

Ainsi les Africains sont esclavagisés et colonisés par les Européens et les Orientaux parce qu'ils manquent de volonté de puissance et de bonheur. Ils ne luttent pas. Ils se comportent comme des moutons devant des lions (conquérants, prédateurs) que sont les autres peuples. Ils sont lâches, peureux, faibles, incapables de se défendre. Celui qui est incapable de se défendre, de lutter, perd sa vie, sa liberté, sa souveraineté, ses biens, ses richesses. Il n'a pas la paix, la sécurité, le bonheur, la dignité. Il subit naturellement la loi du plus fort, du plus puissant, du plus armé. Cela est arrivé aux Africains qui ont subi l***esclavage et la colonisation. Le monde est une jungle. Partout c'est le rappoprt de force, rapport de dominateur à dominé, de maître à esclave. Il n'y a pas d'amitié, de pitié, de fraternité, d'amour du prochain, de gentillesse, de générosité, de compassion des forts et des puissants pour les faibles, les abouliques, les malades. Entre les peuples, il n'y a pas d'amour, d'amitié, de fraternité. Il n'y a que des intérêts à défendre (Le Général de Gaulle sic). C'est un rapport de prédateur à victime. Le lion ne négocie pas avec sa proie. Il ne cherche pas la permission de celle-ci avant de la dévorer. Seule sa force fait tout pour lui. Elle lui assure ses victoires et son bonheur. C'est la puissance seule qui sauve les êtres dans ce monde. Il faut donc que chaque individu et chaque peuple qui aspirent au bonheur cultivent la force et la puissance. Celui qui veut la paix prépare la guerre. Celui qui veut la liberté, la souveraineté, la grandeur, la prospérité, le bonheur également. La guerre est juste pour qui elle est nécessaire (Machiavel). C'est la guerre qui a fait toutes les grandes et belles nations de ce monde. Il y a des guerres de libération, de conquête, d'invasion, d'occupation, de colonisation, d'indépendance, de souveraineté. Telle est la dynamique de la vie. Telle est l'histoire du monde. L'Afrique n'a pas encore compris cette loi fondamentale et primaire. Elle accepte sa subordination à l'Occident et à l'Orient. Elle ne refuse pas ce mal historique. Elle l'assume allègrement à ses dépens. Elle s'applique toujours la charte de l'impérialisme occidental et le pacte colonial du Général de Gaulle. Elle vient d'accepter même la covid-19 et ses faux vaccins mortifères, eugéniques, stérilisants. (thérapie génique). Telle est sa dernière bêtise et son dernier scandale suprêmes en date. Ses élites (intellectuelles et politiciennes) corrompues, aliénées et assujetties aident très activement les affairistes capitalistes, les mondialistes, les eugénistes, les racistes négrophobes, les Francs-maçons, les satanistes, les Illuminati, à la détruire, à massacrer ses populations, à piller, à voler ses richesses et ses ressources naturelles et minières.

Résumé du livre

Ce livre est un miroir, un conseiller, un guide critique pour tous. Il permet à l'homme de découvrir l'homme. Par ailleurs, il permet à l'être vivant de connaître la nature, le but général et la valeur de la vie. Si l'homme cherche le bonheur, il ne sait pas toujours réellement ce qu'est le bonheur ni comment le trouver. Il a besoin d'un outil pour cela. Telle est la préoccupation de ce livre iconoclaste. La volonté de bonheur est un viatique pour tous les combattants de la vie, du bonheur et de la puissance.

Biographie De L'auteur

Dr François Adja Assemien est né le 15 mars 1954 en Côte d'Ivoire. Il a étudié les lettres classiques, les sciences sociales et la philosophie. Diplômé en philosophie (Doctorat d'Etat) et en sociologie (licence), il s'est consacré à l'enseignement de la philosophie à l'université, à la recherche académique et à l'écriture. Il parle et écrit trois langues vivantes que sont le français, l'anglais et l'allemand.

Il est auteur de plusieurs ouvrages publiés en Europe et en Amérique (romans, essais, contes, pièces théâtrales). Il a également créé plusieurs concepts tels que l'Afrocratisme, la Philocure, la Sidarologie, la Conscience africaine, l'Aboubou musique....Il est aussi artiste musicien, chanteur, compositeur, guitariste.

Il vit aux Etats-Unis d'Amérique.

www.ingramcontent.com/pod-product-compliance
Lightning Source LLC
LaVergne TN
LVHW040201080526
838202LV00042B/3270